T0008787

VISTA™

Comparar y contrastar

Frases claves para **comparar y contrastar**:

_____ se parece a _____ en que _____.

_____ no se parece a _____ en que _____.

Para **comparar y contrastar** dos personas o cosas, piensas: ¿en qué se parecen? Además piensas: ¿en qué se diferencian?

¿Cómo se desplazan los **animales**?

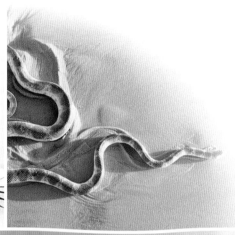

Un conejo salta por la hierba verde. Una ballena nada en las profundidades del océano. Un mono se balancea en los altos árboles. Todos estos animales se desplazan de maneras diferentes.

Los animales utilizan diferentes partes del cuerpo para desplazarse. Algunos animales usan las patas. Otros, utilizan las alas o los brazos. ¡Hay animales que utilizan todo el cuerpo! Veamos cómo los animales se desplazan con las diferentes partes del cuerpo.

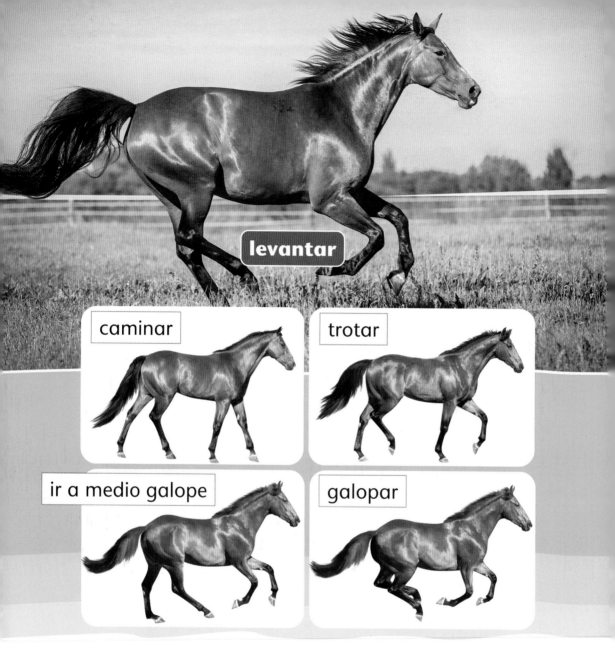

levantar

caminar

trotar

ir a medio galope

galopar

Muchos animales se desplazan con las patas. El caballo se desplaza de maneras diferentes usando sus 4 patas. Puede caminar, trotar, ir a medio galope y galopar. Cuando un caballo galopa, ¡**levanta** las cuatro patas del suelo al mismo tiempo!

Observa estos animales. También tienen 4 patas. Estos animales usan las patas para caminar, correr o reptar. Un elefante camina tranquilamente por la llanura. Un tigre corre rápido por la nieve fría. Un lagarto repta lentamente sobre una roca.

sabana

acelerar

desierto

Observa estos animales. Todos usan 2 patas para desplazarse. Estos animales usan sus patas para caminar, correr o saltar. Una familia de patos camina por la orilla de un lago. Un avestruz corre y **acelera** a través de la **sabana**. Una madre canguro y su cría saltan por el **desierto**.

Ahora mira estos animales. La araña tiene 8 patas. La hormiga tiene 6 patas. ¡Un milpiés puede tener hasta 750 patas! ¿Puedes contarlas? Todos estos números son pares. Estos animales se desplazan de diferentes maneras, pero todos lo hacen con un número par de patas.

Algunos animales tienen alas que les sirven para desplazarse. Los murciélagos y las aves tienen 1 par de alas. La mayoría de los insectos tienen 2 pares de alas. Cada animal tiene un número par de alas.

plumas

Las alas de las aves están cubiertas de **plumas**. Las
aves aletean para levantar su cuerpo y desplazarse por
el aire. También utilizan las plumas de la cola para
cambiar de dirección.

piel

Las alas de un murciélago son como las manos. Están hechas de una **piel** delgada que se estira sobre huesos parecidos a los de los dedos. ¡Mueven las alas como si estuvieran nadando por el aire!

La mariposa tiene 2 pares de alas: 2 delanteras
y 2 traseras. Las mariposas unen sus alas delanteras
y traseras cuando vuelan. ¡Las alas de una mariposa
son tan delgadas que puedes ver a través de ellas!

¿Qué es un par?

Un par puede ser dos cosas iguales separadas que se usan juntas.

un par de mitones

un par de zapatos

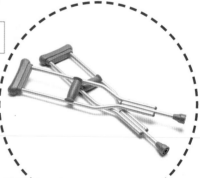

un par de muletas

Un par también puede ser una sola cosa que no se puede usar sin las dos partes que la forman.

un par de tijeras

un par de pantalones

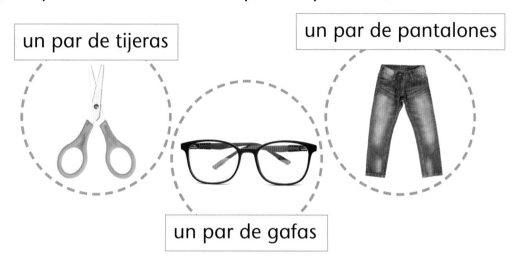

un par de gafas

¡A algunas personas les gusta juntar 2 cosas para formar un par! ¿Qué pares te gusta formar?

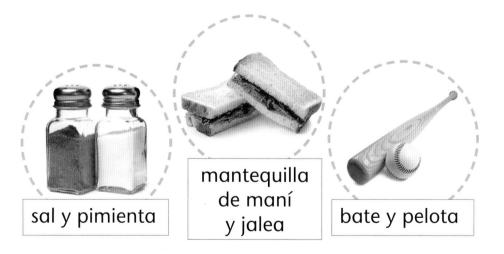

sal y pimienta

mantequilla de maní y jalea

bate y pelota

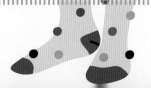

Algunos animales tienen alas, pero no las usan para volar. El avestruz es el ave que corre más rápido. Extiende las alas para mantener el equilibrio al correr.

El pingüino es otra ave que extiende sus alas para mantener el equilibrio cuando corre. ¡También las usa para nadar y deslizarse sobre el hielo!

Todo sobre el equilibrio

¿Alguna vez has tratado de pararte en un solo pie? ¿Qué pasó? ¿Te tambaleaste? ¿Sentiste que te ibas a caer? Si respondiste que sí, significa que tuviste problemas para mantener el equilibrio. Puedes trabajar para mejorar tu equilibrio. ¡Intenta estas actividades divertidas!

¡Párate como un árbol!

Párate en un solo pie, dobla la otra rodilla y apoya el pie en la parte interior de la pierna, por encima o por debajo de la rodilla. Luego, levanta bien alto los brazos, ¡como las ramas de un árbol!

¡Posa como un flamenco!

Levanta un brazo bien alto para hacer el cuello del flamenco. Dobla la rodilla de la pierna opuesta al brazo levantado y sostén el pie detrás de ti.

¡Vuela como un avión!

Levanta y estira una pierna hacia atrás. Abre bien los brazos, como si fueran alas.

¡Camina por la cuerda floja!

Usa cinta adhesiva, o una cuerda, para hacer una línea recta en el suelo. Camina a lo largo de la línea, colocando un pie delante del otro. ¡Intenta también caminar hacia atrás!

Algunos animales tienen brazos que les sirven para desplazarse. Este pulpo utiliza sus 8 brazos para moverse por el fondo del océano. ¿Puedes formar grupos iguales con la cantidad de brazos que tiene el pulpo?

Observa esta estrella de mar. Tiene 5 brazos. La estrella de mar utiliza sus 5 brazos para desplazarse en la tierra o en el mar. El número 5 es un número impar. No se pueden formar grupos iguales con la cantidad de brazos que tiene la estrella de mar.

aletas

Algunos animales no tienen patas, alas ni brazos.
¡Tienen **aletas**! Esta ballena usa las 2 aletas laterales
para dirigir su enorme cuerpo al nadar en el mar.
¿Tiene la ballena un número par o impar de partes
del cuerpo para desplazarse?

La mayoría de los peces tienen aletas. Este pez tiene 7 aletas, incluyendo la cola. Este tiburón tiene 8 aletas, incluyendo la cola. Las aletas les sirven al pez y al tiburón para impulsarse rápido en el agua.

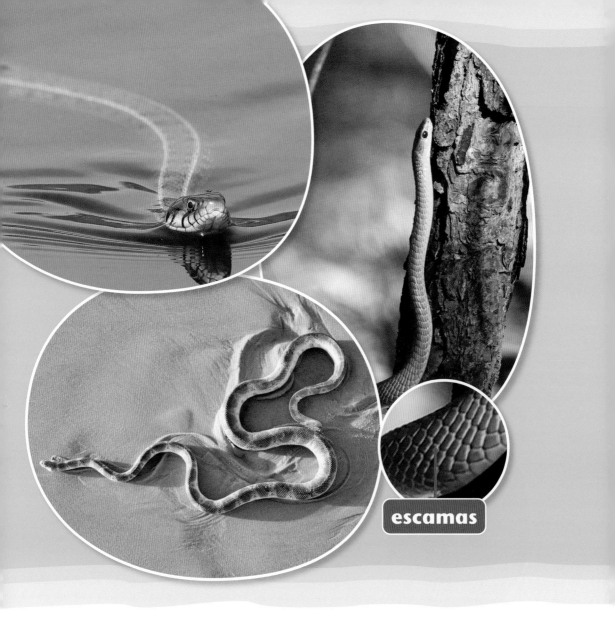

escamas

Observa las serpientes. No tienen patas, alas, brazos ni aletas. Las serpientes tienen un cuerpo alargado, y usan sus músculos y **escamas** para desplazarse de diferentes maneras. Las serpientes pueden reptar, trepar y nadar.

Los animales se desplazan de diferentes maneras.
Usan distintas partes del cuerpo para correr, caminar,
saltar, reptar y nadar. La gente también se desplaza
de diferentes maneras. ¿Puedes correr, caminar,
saltar, reptar y nadar? ¿Qué partes del cuerpo usas
para hacerlo?

acelerar correr aumentando la velocidad

levantar mover hacia arriba

aletas dos partes planas que las ballenas tienen a los lados

piel capa que cubre el cuerpo de algunos animales

desierto zona donde la tierra es muy caliente y seca

plumas partes muy suaves del cuerpo de un ave

escamas láminas pequeñas y delgadas que cubren el cuerpo de algunos animales

sabana extensión muy grande de tierra plana con hierba

Photography and Art Credits

All images © by Vista Higher Learning unless otherwise noted.

Cover: (t) MaXPdia/Getty Images; (ml) Ondrej Prosicky/Shutterstock; (mr) Frankiefotografie/Getty Images; (b) Drewsulockcreations/Getty Images.

4: (t) EA Given/Shutterstock; (m) Drewsulockcreations/Getty Images; (b) Sergio Amiti/Getty Images; **5:** (background) MaXPdia/Getty Images; (background) Lennjo/Shutterstock; (t) Clinton Sinclair/Snapwire; (ml) Garmasheva Natalia/Shutterstock; (mr) Mckyartstudio/Shutterstock; (b) Vladimir Wrangel/Shutterstock; **6:** Pavlina Trauskeova/Shutterstock; **7:** (t) Arthur Freixo Seixas/Shutterstock; (m) Gudkov Andrey/Shutterstock; (b) SanerG/Getty Images; **8:** (tl) Doug McLean/Shutterstock; (tr) Paula French/Alamy; (b) John Carnemolla/Shutterstock; **9:** (t) Jan Danek jdm.foto/Shutterstock; (m) Witsawat.S/Shutterstock; (b) K Reem Studio/Shutterstock; **10:** (t) Rudmer Zwerver/Shutterstock; (m) Ondrej Prosicky/Shutterstock; (b) Elena Ivanova/Snapwire; **11:** (t) Jason Rambach/500PX/Getty Images; (b) Mbolina/Getty Images; **12:** (t) CraigRJD/Getty Images; (b) Geerati/Getty Images; **13:** (l) Rudmer Zwerver/Shutterstock; (r) Lightspring/Shutterstock; **14-15:** Bibadash/Shutterstock; **14:** (t) Sirtravelalot/Shutterstock; (m) Miroslava Mahlebashieva/Alamy; (b) Photo Melon/Shutterstock; **15:** (tl) Iasha/Shutterstock; (tm) Kryuchka Yaroslav/Shutterstock; (tr) Iuliia Syrotina/Shutterstock; (bl) Jiang Hongya/Shutterstock; (bm) Baibaz/Getty Images; (br) Photastic/Shutterstock; **16:** Christian Handl/Getty Images; **17:** (t) Fieldwork/Shutterstock; (m) David Herraez Calzada/Shutterstock; (b) Paul Souders/Getty Images; **18-19:** Catslover/Shutterstock; **18:** (t) Alexander Tolstykh/Shutterstock; (b) Estudioblau/Shutterstock; **19:** (t) Phive2015/123RF; (b) Vitalii Nesterchuk/Shutterstock; **20:** Ennar0/Shutterstock; **21:** Efired/Shutterstock; **22:** Wildestanimal/Shutterstock; **23:** (t) Miroslav Halama/Shutterstock; (b) Carlos Aguilera/Shutterstock; **24:** (tl) Charlathan/Getty Images; (r) William Mullins/Alamy; (bl) Frankiefotografie/Getty Images; **25:** (tl) Iofoto/Shutterstock; tr) Chutarat sae-khow/Getty Images; (b) New Africa/Shutterstock; **26:** (tl) John Carnemolla/Shutterstock; (tr) Paula French/Alamy; (mtl) Jason Rambach/500PX/Getty Images; (mtr) William Mullins/Alamy; (mbl) Wildestanimal/Shutterstock; (mbr) Geerati/Getty Images; (bl) Pavlina Trauskeova/Shutterstock; (br) Christian Handl/Getty Images.

© 2023, Vista Higher Learning, Inc.
500 Boylston Street, Suite 620
Boston, MA 02116-3736
www.vistahigherlearning.com
www.loqueleo.com/us

Dirección Creativa: José A. Blanco
Vicedirector Ejecutivo y Gerente General, K–12: Vincent Grosso
Desarrollo Editorial: Salwa Lacayo, Lisset López, Isabel C. Mendoza
Diseño: Ilana Aguirre, Radoslav Mateev, Gabriel Noreña, Verónica Suescún, Andrés Vanegas, Manuela Zapata
Coordinación del proyecto: Karys Acosta, Tiffany Kayes
Derechos: Jorgensen Fernandez, Annie Pickert Fuller, Kristine Janssens
Producción: Esteban Correa, Oscar Díez, Sebastián Díez, Andrés Escobar, Adriana Jaramillo, Daniel Lopera, Juliana Molina, Daniela Peláez, Jimena Pérez

¿Cómo se desplazan los animales?
ISBN: 978-1-54338-635-6

Printed in the United States of America

1 2 3 4 5 6 7 8 9 AP 28 27 26 25 24 23